Aphorismen und Kommentare

Aphorismen und Kommentare

zu Nassim Nicholas Taleb's *Incerto*

Maximilian Hirner

Gewidmet Nassim Nicholas Taleb, meinem Mentor und Lehrer, der es würdig ist, Vater genannt zu werden.

Kontakt

©Maximilian Hirner, 2019

- a.u.k.nnt@gmail.com

- Facebook (Deutsch): https://www.facebook.com/
  Aphorismen.und.Kommentare.Incerto/

- Facebook (Englisch): https://www.facebook.com/
  Aphorisms.and.Comments.Incerto/

- Twitter: @Maximilian_H1

- medium.com: @Maximilian_H1

Wer denkt, dass mein Werk es wert ist, soll mir ein Geschenk an diese Adresse senden:

- paypal.me/MaximilianH1

Danksagung an:

Meine Testleser Dominic V. C. Parker, Dr. Stefan A. Roth, Michael Lackner, und Schulbert Koleka

Die wahrhaft großartigen Wissenschaftler (you know who you are), denen ich Fragen stellen und Vorschläge machen durfte, obwohl ich weder einen Doktortitel noch eine Million Euro auf meinem Konto habe

Nicholas Teague und Prof. Yaneer Bar-Yam für weitere Inspirationen

Die "Incerto"-Diskussionsgruppe auf Fb

Dennis Häggblom, der mir bewiesen hat, dass ich nicht an Selbstüberschätzung leide, weil ich wie Maestro Taleb ein Aphorismenbuch schreibe

Und natürlich an Maestro Taleb, der mein Denken katalysiert hat.

Darüber hinaus geht mein Dank an:

Meinen Bruder Frdß

Meine Manager-Kollegen vom FabLab, wo ich viele Tage (und Nächte) für die Arbeit verbracht habe

Meine alten Kollegen Martin und Christian, für viele Gespräche beim Kaffee

Den "Capt'n" aus München, der vielleicht weniger verrückt ist als viele andere Leute da draußen

Vorwort

Die Inspiration für dieses Buch kam von den besten Aphoristikern der Weltgeschichte: Lichtenberg, Montaigne, Goethe, Nietzsche, Karl Kraus, und natürlich Nassim Nicholas Taleb.

Wer tiefer in Taleb's Konzepte eintauchen will, dem werden diese Kommentare hoffentlich eine Hilfe sein.

Eigentlich habe ich nicht viel getan – ich habe nur seine Konzepte auf die Welt und die Gedanken, die andere Leute darüber (und über diese Gedanken) hatten, angewendet, bin so aber trotzdem zu einigen interessanten Schlussfolgerungen und eigenen Ideen gekommen.

Weil ich zu faul bin, um mehr zu tun, habe ich mich entschieden, ein Aphorismen-Buch zu schreiben, um mit sowenig Text wie möglich soviel Information wie möglich zu transportieren.

2014 hatte ich Taleb's Bücher entdeckt (angefangen mit
"Antifragilität"); 2016 habe ich den Kontakt zu ihm über
die sozialen Netzwerke aufgenommen; 2018 habe ich mich
entschieden, ein von ihm inspiriertes Buch zu schreiben.

12

Maestro Taleb ist ohne Zweifel der größte lebende Philosoph
und Universalgelehrte. Er hat verändert, wie ich denke, und
mein Denken katalysiert. Ich schulde ihm sehr viel für das,
was ich von ihm gelernt habe. Dieses Buch soll auch etwas
von dieser intellektuellen Schuld zurückzahlen.

Und das war's.

Glossar

Ich habe überlegt, ob ich diesem Buch ein Glossar hinzufügen soll oder nicht. Die Aphorismen sollten eigentlich für sich selbst sprechen. Aber es schadet sicher nicht, wenn ich einige von Maestro Taleb's Begriffen in eigenen Worten wiedergebe.

- **Fat Tony**: Ein Charakter aus dem *Incerto*. Ein Italo-Amerikaner aus dem Großraum New York, der an der Börse zum Multimillionär geworden ist. Komplett ungebildet und unbelesen (anders als N. N. Taleb), aber eine Sache weiß er gut: Es gibt Dummköpfe. Und das ist der Grund, warum er reich (und fett) geworden ist.

- **Iatrogenik**: Gesundheitliche Probleme, die vom Heiler verursacht wurden.

- **Lindy-Effekt**: Viele Dinge und Konzepte haben ein umso längeres Leben vor sich, je länger sie bereits existiert haben, anders als Lebewesen. Wenn ein Bauwerk seit Jahrtausenden steht (wie die Pyramiden), wird es wohl auch in Jahrtausenden noch existieren.

- **Schwarze Schwäne**: Reale Ereignisse, die aber keiner vorhergesehen hat. Meistens Katastrophen, aber oft auch positive Entwicklungen – z. B. das Internet.

- *via negativa*: Der Weg, Probleme zu lösen, indem man etwas weglässt. Wenn man gesundheitliche Probleme hat, könnte man z. B. das Rauchen aufhören oder bestimmte Nahrungsmittel nicht mehr essen. Gegenteil von der *via positiva*, bei der man meint, dass die Probleme daher kommen, dass einem etwas fehlt.

Inhaltsverzeichnis

Inhaltsverzeichnis

Aphorismen

- Jesus hat das Konzept von Mediokristan und Extremistan verstanden, obwohl er kein Wort dafür hatte. "...und einiges trug dreißigfach und einiges sechzigfach und einiges hundertfach..."

Inhaltsverzeichnis

18

1. Kapitel

Maestro Taleb

1. Analog zu Maestro Taleb's Antifragilität: Was ist die
   Anti-Kette? Was würde *nicht* versagen, sobald das
   schwächste Glied zerreißt? Was ist von Natur aus redundant?

* * *

2. Maestro Taleb's Gedanke "...und Idioten in Labeln" könnte sein tiefster sein.

* * *

3. Maestro Taleb geht den harten Weg der Tugend, wie Herkules.

* * *

4. Maestro Taleb wuchs in Amioun auf, aber wurde in New York reich. Welcher Ort von beiden ist wichtiger?

* * *

5. Wenn Maestro Taleb sagt, dass es für das Theater am besten ist, wenn Schauspieler Masken tragen, denkt er wie ein wahrer Grieche der Antike.

* * *

6. Links oder rechts: Wenn das eine politische Lager Maestro Taleb liest und versteht, und das andere nicht, hat das letztere ein Problem.

* * *

7. Antaios und die Erde... manche Leute interpretieren
das als "Boden" – Maestro Taleb erklärt, dass eher "Realität" gemeint ist. – Und hat wieder einmal Recht.

* * *

8. Maestro Taleb ist nicht nur gut in Börsenhandel, Statistik, Kreuzheben, Geschichte und Linguistik, sondern
auch darin, sich Feinde zu machen.

* * *

9. Bitte lass ein paar ungelöste Fragen für die jungen Leute
übrig, Maestro.

* * *

10. Maestro Taleb ist ein wahrer Grieche... besser nichts-
ahnend vom Pfeil der Tyche getroffen zu werden, als
schlechte Nachrichten aus aller Welt zu konsumieren
und sich Sorgen zu machen.

* * *

11. Was sollen wir tun, wenn Anwälte oder Richter fragilistisch wirken, Maestro?

* * *

12. Fat Tony würde nur darüber lachen, dass intelligente Menschen sich Gedanken über Newcomb's Paradox machen.

* * *

13. Was würde Fat Tony tun, wenn ihm der Rest der Welt sagen würde, dass 2+2=5 ist?

* * *

14. Die römischen Kaiser waren die Fat Tonys ihrer Zeit.

* * *

15. Maestro Taleb sagt: "Wenn Leute dich intelligent nennen, ist das fast immer, weil sie dir zustimmen. An-

dernfalls würden sie dich arrogant nennen." Das größere
Problem sind die Leute, die jemanden intelligent nennen, sogar wenn er unrecht hat, nur weil sie ihm zustimmen.

* * *

16. Maestro, wenn du die Worte und Taten der Narren
vergessen kannst, bist du wahrlich beneidenswert.

* * *

17. Wenn man schon arrogant ist, sollte man wenigstens
sehr schlau sein. Maestro Taleb ist es, als einer von
wenigen.

2. Kapitel

Maestro Taleb's Konzepte

1. Der menschliche Charakter ist definitiv aus Extremistan. Deshalb waren sowohl Jesus als auch Hitler möglich. Und selbst wenn man 10000 Leute persönlich kennt...

* * *

2. Zum Theseus-Paradox: Kleine Änderungen sind aus Mediokristan, große aus Extremistan!

* * *

3. Ignoranz ist fragil.

* * *

4. Lügen sind fragil... sie erfordern mehr Aufwand, man kann sie widerlegen, oder daran scheitern.

* * *

5. Wenn es den Lindy-Effekt gibt, müssten in Krisenzeiten die älteren Entitäten eher überleben.

* * *

6. Was ist das Äquivalent zur Iatrogenik, auf Anwälte bezogen?

* * *

7. Wenn das Große platonisch ist, muss man erst lernen, dass "small=beautiful".

* * *

8. Durch die zunehmende Isolierung der Menschen geraten wir auch tiefer nach Extremistan.

* * *

9. Eigentlich kommt es nicht auf die Konzentration des Kapitals an, sondern nur auf die Asymmetrie. Die erzeugt nämlich die Konzentration!

* * *

10. Cicero hat als Anwalt mittels *via negativa* korrupte Politiker wie Catalina aus der römischen Politik entfernt.

* * *

11. Intellektuelle sind anti-klug.

* * *

12. Das Leben in Extremistan: Große Hoffnungen, große Enttäuschungen.

* * *

13. Wie vermeidet man Asymmetrie, wenn die Welt so heterogen ist?

* * *

14. Extremistan ist verführerisch... aber die Leute überschätzen immer ihre Chancen, an die Spitze zu kommen.

* * *

15. Naivität ist fragil.

* * *

16. Aus dem Unbekannten, um nicht zu sagen Unbeweisbaren, kommen die Schwarzen Schwäne.

* * *

17. John Wilkins' schön geordnete Sprache ist das Gegenteil von redundant – und daher sehr fragil, wie Maestro Taleb sagen würde.

* * *

18. Programmierer arbeiten auch in Extremistan.

* * *

19. Die Grüne Revolution war auch ein Schwarzer Schwan.

* * *

20. Manche Leute schulden uns noch Geld für das Anti-Wissen, das sie verbreiten.

* * *

21. Als ich "Antifragilität" entdeckte, hatte ich meine Dissertation gerade ein paar Monate zuvor abgebrochen. Als ich so sah, dass es diesen schlauen Menschen mit "Fuck-you Geld" gab, der mir sagte, dass ich die richtige Wahl getroffen hatte...

* * *

22. Ja, das wäre eine Zivilisation, die die "Sozialwissenschaft" vor dem Markt entwickelt.

* * *

23. Was in einer Hinsicht robust/antifragil ist, könnte in einer anderen fragil sein.

* * *

24. Wenn der Lindy-Effekt auf Demokratien anwendbar ist, wären das gute Nachrichten für die Demokratie. – Und was ist mit anderen politischen Systemen?

* * *

25. Maschinen sind aus Mediokristan, Menschen aus Extremistan?

* * *

26. Apropos "Sie würden auch versuchen, die Jahreszeiten zu eliminieren" – es gibt Gegenden auf der Erde, die keine Jahreszeiten haben. Man nennt sie "Wüsten".

* * *

27. Wer hat Schuld, wenn das Feuer ausbricht? Der Dummkopf, der den ersten Funken schlägt – oder die Dummköpfe, die davor überall Benzin ausgegossen haben?

* * *

28. Dicke Gehälter für die "rent-seeker" als Sozialhilfe für die geistig Armen.

* * *

29. *Via negativa* zu folgen fällt den Leuten schwer, wenn sie nur über eine Sache Bescheid wissen.

* * *

30. Was ist die angemessene Handlung bei fragilisierenden Eltern?

* * *

31. Stoiker sollen immun sein gegen Beleidigungen, aber auch gegen Lobhudeleien. Was ist in der Praxis wichtiger?

* * *

32. Was die kleinen Leute tun, ist tendenziell eher Lindy, weil sie buchstäblich mehr Erfahrung damit haben.

* * *

33. Vielleicht müssen wir den Sinn des Lebens ja auch auf
negative Weise beschreiben.

3. Kapitel

Religion

1. Wenn wirklich alles auf dieser Welt einmal vergehen wird, dann erklärt es, warum sich Menschen etwas für die Ewigkeit wünschen.

* * *

2. Jesus hat in einer Sprache gesprochen, die jedes Kind verstehen konnte. Er hat nicht wie ein Scharlatan mit angeblich "magischen Formeln" um sich geworfen.

* * *

3. Für die Römer war Jahwe ein Schwarzer Schwan.

* * *

4. Die altgermanische Religion war zu ihrem Unglück so fragil wie ihre heiligen Eichen.

* * *

5. Die Juden haben schon viele Leichen ihrer Feinde den Fluss hinuntertreiben sehen.

* * *

6. Faulheit mag eine Todsünde sein, aber in den Zehn Geboten steht sie nicht.

* * *

7. Früher konnten sich nur die privilegiertesten Menschen leisten, über Religion nachzudenken. Heute sind es eher die am wenigsten privilegierten (Arbeitslose, Gefangene) – alle anderen haben zuviel zu tun.

* * *

8. Wenn wir lernen könnten, was damals zum Ende des Goldenen Zeitalters des Islams geführt hat, hätten die Menschen dort wenigstens nicht umsonst gelitten.

* * *

9. In den Zehn Geboten steht nichts davon, dass man einen Dummkopf keinen Dummkopf nennen darf.

* * *

10. Drohnenschützen riskieren nicht ihr Leben, aber ihre Seele, wenn sie eine haben.

* * *

11. Manchmal denke ich: Das Konzept "Gott" wäre wohl einfacher zu erklären als das Konzept der Seele.

* * *

12. Wie werden Gläubige in Zukunft ihren Kindern die Schöpfung erklären, *wenn es keine mehr geben sollte?*

* * *

13. Propheten haben ihren Anhängern befohlen zu fasten, Geld zu spenden, für ihre Religion zu kämpfen, sogar zu sterben... aber sich langsam vergiften zu lassen?

* * *

14. Religionen sollen ewige Wahrheiten sein. Es macht einen schlechten Eindruck, wenn man sie ohne guten Grund ändert.

* * *

15. Diese Lobhudelei nervt mich auch, speziell Vergleiche
mit Gott. – Wer nicht auf dem Wasser gehen kann, ist
für mich auch kein Gott.

* * *

16. Warum sollte ich zu einer KI beten?

* * *

17. Vielleicht sollten wir auch von "Atheisten" und "Aprak-
tikern" reden, weil es doch offensichtlich zwei vorschie-
dene Dinge sind?

4. Kapitel

Andere bekannte Namen

1. Kahneman & Tversky erwähnen diesen Ökonomen in den USA, der nur dann eine Flasche Wein kauft, wenn er weniger als 30 US\$ dafür zahlen muss, und sie nur verkauft, wenn er mehr als 100 US\$ dafür bekommt. Wenn alle so denken würden, gäbe es wohl sehr wenig Handel auf der Welt.

* * *

2. Erst kam Goethe, dann seine Nachahmer, die den Blick verstellten... und mit ihren Fehlern waren sie Schuld daran, dass dann auch Goethe verhasst wurde. – Erst als diese Nachahmer gestorben, verwelkt und vergessen waren, erscheint Goethe wieder klarer.

* * *

3. Alexander der Große hat die Spartaner im Grunde be-
straft, als er sie nicht erobert hat.

* * *

4. Ja, Ricardo hat seine Grenzen.

* * *

5. Trotzki hat den *Final Table* erreicht, aber Stalin hat
das Pokerturnier um die Macht gewonnen.

* * *

6. Ja, Ayn Rand, Grau ist eine Mischung aus Schwarz und
Weiß.

* * *

7. Andy Warhol's 15 Minuten bedeuten wohl eher, dass
für jeden Künstler gerade 15 Minuten Ruhm bleiben,
weil es so viele gibt. Nix mehr mit Ruhm für die Ewigkeit.

* * *

8. Newton hatte eine Entschuldigung. Die Schwerkraft ist
ein Zweikörperproblem, die Börse ein Tausendgeister-
problem.

* * *

9. Umberto Eco ging im faschistischen Italien zur Schule,
musste schreiben, wie er täglich für den Duce betet,
aber war sich die ganze Zeit bewusst, dass das nicht der
Wahrheit entsprach. Indoktrination funktioniert nicht
so gut, wie manche Leute denken.

* * *

10. Die Linken mögen Spengler nicht, weil er rechts ist;
und die Rechten nicht, weil sie seit 1945 genug vom
Untergang haben.

* * *

11. Wer ist eher im Unrecht? Pinker – oder ein Historizist, der behauptet, dass ein großer Krieg bevorsteht?

* * *

12. Leute mögen keine Leute, die gewinnen, indem sie etwas nicht tun. So wie Quintus Fabius Cunctator.

5. Kapitel

Politik

1. Stress beschleunigt den Herzschlag, verkürzt so das Leben.
   So haben ISIS/AQ noch sehr viel mehr Leute getötet.

* * *

2. Kann man Grenzen leichter zerstören oder aufbauen?

* * *

3. Der moderne Bürokratenstaat ist ein Brontosaurier:
   Harmlos für kleine agile Fleischfresser, aber tritt wo-
   möglich die tot, die er beschützen sollte. Nur auf den
   ersten Blick beeindruckend.

* * *

4. Das Problem mit Rassismus: Er ist zu einfach.

* * *

5. Erwartet nicht zuviel davon, Diktator zu werden.

* * *

6. Für einen Tyrannen arbeiten nur die drei V: Verrückte,
   Verbrecher, und Versklavte.

* * *

7. So viele Ideologien... und ihre Anhänger sind so sehr
   damit beschäftigt, die Bücher zu lesen und darüber zu

diskutieren, dass sie zu gar nichts anderem mehr kommen.

* * *

8. In zwei Parteien gleichzeitig Mitglied sein... ist das nicht so, als wäre man gleichzeitig Ankläger und Angeklagter vor Gericht? Oder Angeklagter und Zeuge?

* * *

9. Die typischen Politiker sind gerade gut genug, um 50% der Leute vorzumachen, sie würden etwas vom Regieren verstehen.

* * *

10. Wir reden soviel über Staatsformen und Verfassungen, und dabei hängt doch so viel mehr an der Skalierung durch die angewachsene Bevölkerung.

* * *

11. Wenn einer Macht hat, kann der andere nicht dasselbe Stück Macht haben.

* * *

12. Kein Politiker tritt heutzutage zurück, weil er zu alt, zu dumm, oder zu schlecht ist.

* * *

13. Gibt es religiöse Menschen, die den Kapitalismus verstehen wollen?

* * *

14. Deutsche Libertarianer? Kommt mir vor wie amerikanische Kommunisten. Sie existieren, aber es gibt keinen Sinn.

* * *

15. Eines Tages werden Kinder fragen: "Warum hat niemand was gesagt?" Und die Antwort wird lauten müssen: "Es haben einige etwas gesagt. Aber unsere Eliten waren Dummköpfe."

* * *

16. Wer Schönrednerei und leere Versprechen für wichtiger hält als echte Leistungen von vielleicht etwas missgelaunten Menschen, soll versuchen, von leeren Versprechen zu leben.

* * *

17. Ein Diktator, der alle intelligenten Leute umbringt, die einen Fehler finden, und alle mutigen Menschen, die trotz Drohungen widersprechen, wird am Ende eben nur noch über Feiglinge und Dummköpfe herrschen können.

* * *

18. Das Problem ist ja nicht, dass die Nazis bloß ein bisschen gegen Juden und Linke gepöbelt hätten.

* * *

19. Es ist, als ob die Levante eine Mischung aus den Hanse-
städten und der Schweiz wäre. Mit Olivenöl und Sonne.

* * *

20. Seit Jahrzehnten sind Politiker beleidigt, wenn sie ein
paar Sekunden weniger Sendezeit bekommen... keiner
kommt auf die Idee, dass sie sich damit unbeliebter
machen könnten.

* * *

21. Es gäbe weniger Geschrei, wenn die Linken mit eigenem
Geld für die Flüchtlinge zahlen müssten – und die Rechten eigenhändig auf Islamisten schießen müssten.

* * *

22. Ideologie reimt sich auf Idiotie. Kein Zufall.

* * *

23. Politiker, die sich selbst zu hoch einschätzen, sind heutzutage wohl das größte Problem.

* * *

24. Viele Berufe sind heute in einer Legitimitätskrise... v. a. Parteipolitiker.

* * *

25. Heute beschimpft jedes politische Lager das andere als Realitätsleugner. Nur über das Objekt sind sie uneinig: Treibhauseffekt oder radikaler Islamismus?

* * *

26. Ein intelligenter Konservativer hält sich an dem fest, was Bestand hat; ein dummer an dem, was zum Untergang verurteilt ist.

* * *

27. Eine Herrschaft der Menschen, die wirklich langfristig denken – dafür gibt es noch kein Wort.

* * *

28. An die Neonazis und anderen Neo-X: Wiederholungen gefallen nicht!

* * *

29. Das Problem, wenn man der Mann ist, der sich traut, alles zu sagen: Die Leute können sich von einem auch vorstellen, alles gesagt zu haben.

* * *

30. Machtvakuen sind selten, Kompetenzvakuen häufig.

* * *

31. Es kann nichts gutes dabei herauskommen, wenn die
    Leute einem Dummkopf oder Betrüger loyal sein müssen.

6. Kapitel

Wissenschaft und Bildung

1. Das kaputte Schulsystem von heute wird zu viel Anti-Intellektualismus in der Zukunft führen.

* * *

2. Ich liebe Lesen, Denken, und die Wissenschaft, aber hasse das akademische System.

* * *

3. Die Geschichte der großen Widerlegungen schreiben.

* * *

4. Manchmal lernen die Menschen die Wörter vor den Dingen, aber meistens umgekehrt.

* * *

5. Wenn an den Unis nur noch dritte und vierte Derivate gelesen werden, ist ihnen jeder Amateur, der die Originale liest, überlegen.

* * *

6. Viele Schüler müssen in der Schule herumsitzen wie Rentner, die nicht wissen, was sie mit dem Ruhestand anfangen sollen.

* * *

7. Übliche Schularbeiten zählen die Fehler – aber nicht die positiven Leistungen!

* * *

8. Eines Tages werden die Helikopter-Eltern nicht mehr da sein, um ihre Kinder vor allem beschützen zu können. Und dann stehen sie da, mit einem Praxisquotient unter Zimmertemperatur.

* * *

9. Wenn die Leute als Schwarmintelligenz die Höhe vom Kölner Dom schätzen sollen, ist weder Gier noch Angst im Spiel.

* * *

10. Impressionistisches Wissen.

* * *

11. Ob das moderne Erziehungssystem den IQ gesteigert hat, ist schwer zu sagen. Aber den Praxis-Quotient hat es eindeutig verringert.

* * *

12. Die Ghetto-Kids wissen wenigstens sofort, dass ihre Schulen Dreck sind. Die weißen Mittelklasse-Kinder merken das nicht so schnell.

* * *

13. Wenn Wissenschaftler nichts zum Thema Wahrheit sagen, werden es andere tun, die weniger wissen.

* * *

14. Vier Dinge, die ein Wissenschaftler braucht: Neugier, Skeptik, Logik, und Statistik.

* * *

15. Die Physiker haben es in gewissem Sinn leichter. Elektronen beneiden sich nicht gegenseitig und äffen auch nicht die anderen nach.

* * *

16. Das Wissen der Menschheit nimmt zu, aber jeder einzelne
Mensch wird weiterhin ignorant geboren.

* * *

17. Aus Fehlern lernt man? – Umso schlimmer, dass manche
Leute nie Fehler zugeben wollen.

* * *

18. Solange die Leute in der Lage sind zu lernen, können
ihnen *fake news* auch nicht schaden.

6. Kapitel: Wissenschaft und Bildung

7. Kapitel

Kunst

1. Ein wirklich guter Schriftsteller sollte auch dann in der Lage sein, ein großes Buch zu schreiben, wenn er in der Schönen Neuen Welt lebt und als einzige Sprache Neusprech beherrscht.

* * *

2. Ein guter Erzähler steigt in die Hölle hinunter, um dort für uns Steaks zu braten, besucht anschließend Gott und trinkt Tee mit ihm, und erzählt uns dann alles davon.

* * *

3. Ein *großer* Künstler steht mit beiden Beinen fest auf
   der Erde und trotzdem mit dem Kopf in den Wolken.

* * *

4. Das zweitschönste, was ein Künstler für seine Fans tun
   kann, ist, wenn er ein neues Werk abliefert, das zu
   100% ihren Vorstellungen entspricht. Das schönste ist,
   wenn er ein neues Werk schafft, das absolut nicht ihren
   Vorstellungen entspricht, das ihnen aber trotzdem gefällt.

* * *

5. Der Akt des Zeichnens ist wohl ein noch größeres Kunst-
   werk als die fertige Zeichnung.

* * *

6. Eigentlich muss es für einen echten Musikfreund eine
   Strafe sein, mit guter Musik so übersättigt zu werden,
   dass er sie nicht mehr hören will.

* * *

7. Am Ende von Wagners Ring verlieren die Helden, statt
ein Tausendjähriges Reich aufzubauen.

* * *

8. Die Leute verbringen weniger Zeit im Wald oder mit
einem guten Buch als auf der Toilette. Kein Wunder,
dass sie nur noch Exkremente im Kopf haben.

* * *

9. Viele Künstler wurden auf dem Land oder in kleinen
Städten geboren, aber in der Großstadt berühmt. Was
ist nun wichtiger für die Kultur?

* * *

10. Die Fantasie ist mit der Fähigkeit verwandt, sich an die
Vergangenheit zu erinnern und die Zukunft zu planen.

8. Kapitel

Geld, der Markt usw.

1. amazon beweist: Das Chaos *ist* besser organisiert.

* * *

2. Was sagen die Kritiker des Zinseszinses zu den soge-
nannten Null- und Minuszinsen?

* * *

3. Die Zeitarbeitsfirmen haben die Arbeitnehmerschaft auf-
gelöst.

* * *

4. Wenn man materielle Anreize schafft, werden die Idealisten in diesem Bereich "überrannt".

* * *

5. Das sogenannte "Geheimnis" des Zinseszins? Die meisten Leute können nur linear denken, nicht exponentiell!

* * *

6. Was ist der beste Weg, Wohlstand für alle zu haben? – Wenn er von Natur aus vorhanden ist.

* * *

7. Wer das glaubt, hat meistens recht – so wie die Leute, die glauben, an der Börse könnten die Kurse nur steigen.

* * *

8. Warum haben die Leute beim Untergang des Römischen Reichs sogar die Fruchtwechselwirtschaft vergessen? Die Feldarbeit wurde von Sklaven erledigt, und die freien Menschen haben sich nicht dafür interessiert, wie das geht. Das war "gut genug".

* * *

9. Wenn die Welt in Zukunft *noch* oligarchischer wird, wird sie auch volatiler werden. Und vermutlich illiquider.

* * *

10. Das faszinierende am Geld ist das Potenzial. Wenn man es ausgibt, hat man eben eine bestimmte Menge an Häusern, Autos, Gold oder Diamanten. Wenn man es behält, hat man *die Option* für all das und mehr. Wenn man es ausgibt, fällt diese Option weg.

* * *

11. Von mehr Ungleichheit profitieren die Reichen eher, aber das ist ja nicht passiert, indem jemand einen Hebel in Richtung Ungleichheit verschoben hat.

* * *

12. Wenn Schuldner = Sklaven, werden wir in Zukunft Auf-
    stände von Schuldnern haben, wie bei Spartakus in
    Rom?

9. Kapitel

Wahrheit

1. Ich will den Boden der Gedanken aufreißen und umpflü-
   gen, und dabei stoße ich zu oft auf glühende Lava, weil
   ich so tief gehe. Aber Vulkanboden ist der fruchtbarste,
   und Vulkanstein der härteste.

* * *

2. In der materiellen Welt gibt es keine Widersprüche wie
   in der geistigen (in die die Kategorien gehören!). Ein
   Atom kann nicht (echter) Teil von sich selbst sein. Überhaupt keine Selbstbezüglichkeit.

* * *

3. Manche Sätze enthalten viel Information, manche sind
nur aufgeblasen. Wie unterscheidet man die?

* * *

4. Manchmal ist die Realität komplex. Manchmal wird
mit Absicht alles komplizierter gemacht.

* * *

5. Manchmal ist jeder einzelne Satz kristallklar, aber zusam-
mengenommen sind sie rätselhaft.

* * *

6. Am Anfang sind die Beschränkungen/Constraints eine
Stütze, aber wenn es immer mehr werden, blockieren
sie am Ende alles.

* * *

7. Wir leben nicht mehr im Zeitalter von Wahrheit oder
   Lüge, sondern im Zeitalter des Bullshit? ...

* * *

8. Die einfachsten Ideen sind am schwersten zu finden.

* * *

9. Es gibt nur eine Wahrheit, aber eine Unendlichkeit von
   Lügen.

* * *

10. Lügen und Verbrechen bedeuten, die Wahrheit selbst
    herauszufordern.

* * *

11. Nichts ist größer, schöner und schrecklicher als die Wahrheit.

* * *

12. Das Gleichnis von den sechs blinden Männern mit dem
    Elefanten zeigt uns, dass die Wahrheit viele Seiten haben
    kann. Aber es sagt auch implizit, dass es vieles geben
    kann, das beim besten Willen nicht so ist wie ein Ele-
    fant.

10. Kapitel

Gemeinschaften

1. In Städten geht einfach alles schneller. Nur Kinder auszutragen dauert immer noch neun Monate.

* * *

2. Die Menschen verhalten sich nicht mehr wie *homo sapiens sapiens*, die denken können, sondern wie Roboter in eingefahrenen Gleisen. Wenn irgendwas nicht nach Plan läuft, stürzt ihr ganzes System ab. Es ist doch eine Schande, wenn die Leute nicht denken wollen.

* * *

3. Je größer die Gesellschaft, desto fraktaler...

* * *

4. Je mehr Leute es gibt, desto schneller müssen wir rennen, um die Lösung für ein Problem als erster zu finden. So kommen wir immer schneller in eine abgeklärte Situation. Die Welt wird langweiliger.

* * *

5. Je größer eine gesellschaftliche Einheit, desto mehr Leute sind nur Handlanger.

* * *

6. Die Zerteilung der modernen Gesellschaft zerteilt auch die Verantwortung auf unklare Weise.

* * *

7. Es gibt mehr alte Menschen als je zuvor in der Weltgeschichte – aber nicht mehr Weisheit.

* * *

8. Die ganze verdammte Welt ist eine Allmende!

* * *

9. Der beste Weg, sich von einem Übel fernzuhalten: In
einer Gesellschaft leben, in der es vergessen oder noch
nicht erfunden ist.

* * *

10. Niemals der Sklave von schlechten Menschen sein.

* * *

11. Kein alter Mensch sollte damit prahlen, dass die jungen
Leute seine Zeit nicht miterlebt haben. Auch er hat den
größten Teil der Weltgeschichte nicht miterlebt.

* * *

12. Ein Dummkopf, der viele Daten sammelt, ist ein Dummkopf mit vielen Daten.

* * *

13. Deutschland. Ein schwieriges Land mit einem schwierigen Volk.

* * *

14. Die Menschen sind heute in der Lage, die Verbrechen und Katastrophen der ganzen Welt zu konsumieren... aber selbst für einen großen Mann wäre das am Ende zuviel.

* * *

15. Wenn die Leute Angst haben, handeln sie buchstabengetreu.

* * *

16. Jede Entwicklung ist für irgendwen gut. Das heißt nicht, dass die Profiteure deshalb Tag und Nacht daran gearbeitet haben müssen, wenn etwas passiert.

* * *

17. Es sagt einiges über die Krise im Journalismus aus, dass drei der wichtigsten Menschen, die heute Aufklärung betrieben haben, keine Journalisten waren: Manning war IT-Spezialist, Snowden auch, Assange...

* * *

18. Die Journalisten sind vielleicht die Sinnesorgane der Gesellschaft, aber das Gehirn sind sie nicht. Manchmal muss man sich fragen, ob man den eigenen Augen trauen kann.

* * *

19. Wenn alle bestechlich sind, wäre ein garantiert Unbestechlicher eine sehr große Gefahr.

* * *

20. Wenn ihr eine neue Waffe ergreift, könnte euer Feind dasselbe tun.

* * *

21. Es ergibt Sinn, in New York andere Waffengesetze als in einem Dorf in den Schweizer Alpen zu haben.

* * *

22. Vielleicht sollte "neue Ressourcen entdecken / vorhandene besser verwenden" erste Priorität haben.

* * *

23. Mörder in der Todeszelle bekommen eine Henkersmahlzeit, Risiko-Eingeher vielleicht nicht einmal das.

$$* * *$$

24. Eine Gesellschaft, die nur aus Nullen besteht, kann nicht andauern.

$$* * *$$

25. Wenn ein Mensch dazu unfähig ist, seine Aufgabe zu erledigen, ist er erst recht unfähig, einen besseren Nachfolger auszuwählen.

11. Kapitel

Gedanken

1. Die praktische Untrennbarkeit des Menschen.

* * *

2. Objekte in der Zukunft sehen näher aus als sie wirklich sind, wenn man sie erst einmal bemerkt hat.

* * *

3. Es kommt vielleicht nicht so sehr darauf an, einen todsicheren Plan zu haben, sondern eher, das Plänemachen zu üben.

* * *

4. Wo ich hin fliehe, kann jeder andere auch kommen.

* * *

5. Wenn das menschliche Wesen nicht geändert werden kann – können wir dann wenigstens sagen, welcher Teil des menschlichen Wesens das Problem ist?

* * *

6. Farb*ton*.

* * *

7. Denkverbote treffen nur Menschen, die noch denken können und wollen.

* * *

8. Könnte es "zusammengerollte" Zeitdimensionen geben?

* * *

9. Eine Erklärung kann großartig sein, aber ein Trost muss sie deswegen nicht sein.

* * *

10. Mittelschicht – Mittelsmann – Mittelweg – Mittler – Mittelmäßig – Meddling

* * *

11. Wenn du deine Botschaft soweit verdummst, dass ihr auch der dümmste folgen kann, wird ihr auch nur der dümmste folgen wollen.

* * *

12. Wenn wir die Außenwelt nur konstruieren, warum denken sich die Menschen dann nicht etwas besseres aus?

Eine Welt ohne Kinderschänder, Terroristen, und Finanzkrisen z. B.?

* * *

13. Ich glaube nicht, dass wir in einer Computersimulation leben. Ein paar Milliarden Heliumatome in einem Kasten wären schon schwer genug zu simulieren, geschweige denn unsere ganze Welt.

* * *

14. Wie trainiert man auf wirkliche Jugend?

* * *

15. Heute werden die Worte "unglaublich", "brilliant", "fantastisch" und sogar "göttlich" viel zu oft für total gewöhnliches Zeug gebraucht.

* * *

16. Weil niemand allwissend sein kann, und sich die Welt
    verändert, brauchen wir Leute mit neuen Ideen. Allein
    aus diesem Grund sollten wir Leute, die anders denken,
    tolerieren. Alle finden so ihren Platz: Die Anstoßer
    und die Bremser, die Entschlossenen und die Zöger-
    lichen, die Konformisten und die Revolutionäre, die
    Parteigänger und die ihre Meinung ändern können, die
    150%-igen und die Halbherzigen, die Ernsthaften und
    die Spötter.

* * *

17. *Nar(r)zisst.*

12. Kapitel

Moral

1. Es wäre schrecklich, viele Menschenleben zu opfern, um die eigenen Ziele zu erreichen. Aber es wäre noch schrecklicher, viele Menschenleben zu opfern, um genau nichts damit zu erreichen.

$$* * *$$

2. Ja, man kann ein schlechter Mensch sein, auch wenn man niemals mordet, niemals stiehlt, niemals betrügt und niemals (bewusst) lügt.

$$* * *$$

3. Gibt es so etwas wie Postzynismus?

* * *

4. Ja, das ist die größte Spannung überhaupt: Der Wunsch, gleichzeitig erfolgreich und moralisch gut zu sein.

* * *

5. Wie das Böse seinen Platz hat: Als Warnung, dass Menschen in der Lage sind, es zu tun; um uns zu erinnern, uns dagegen zu verteidigen; damit manche den Weg des Bösen gehen und dabei scheitern können; und als Training für den Kampf gegen ein noch größeres Böses.

* * *

6. Das Gegenteil von guten Eltern sind nicht die Kinderlosen. Es sind die "Eltern", die sich nicht kümmern würden, wenn ihre eigenen Kinder zugrundegehen.

13. Kapitel

Diverses

1. Es war oft schon "5 vor 12", aber die Zeit geht unerbitt-
   lich weiter.

* * *

2. Wer nicht den Mut hat, dem Schrecken des Holocausts
   ins Auge zu schauen, der wird auch nicht Mut genug
   haben, andere Probleme zu lösen.

* * *

3. Das ist der Kampf gegen sich selbst: Zugeben, dass man Unrecht haben könnte.

* * *

4. Je mehr Zeit dazwischen liegt, desto eher streiten die Leute ab, dass es ihre Verantwortung war.

* * *

5. Was die meisten Menschen von einem zweistündigen Gespräch im Kopf behalten, lässt sich idR in fünf Minuten zusammenfassen. Also kann man es auch gleich in fünf Minuten sagen.

* * *

6. Wir stolpern oft blind herum in der Dunkelheit (bzw. im Nebel) – aber manchmal stolpern wir so über die großen Schätze.

* * *

7. Wenn du einen Klotz um den Hals gebunden hast, und
   dir das Wasser über den Kopf steigt: Schneid den Strick
   durch, oder ertrink!

* * *

8. Einerseits sind die Probleme größer als je zuvor, ande-
   rerseits sind die Leute schlechter darauf vorbereitet als
   je.

* * *

9. Der Regenwald wird vernichtet, Tiere sterben aus, die
   Infrastruktur verfällt, aber Gott bewahre, dass irgend-
   ein Dummkopf beleidigt wird.

* * *

10. Niemand will alle Probleme lösen, alle wollen sie am
    Köcheln halten, es könnte ja noch für was nützlich sein.

* * *

11. Wie sagt man einem Menschen diplomatisch, dass er ein Dummkopf ist und das Problem seine Schuld ist?

* * *

92

12. Letzten Endes wollen wir ja nicht, dass die Leute nur Formulare korrekt ausfüllen.

* * *

13. Von allen post-Wasauchimmer mag ich kaum eins so wenig wie das Konzept der Postmeritokratie.

* * *

14. Es ist leichter, zu zerstören als aufzubauen. Das scheint Grenzen einzuschließen.

* * *

15. '34-heute: Etwa die Zeit eines Menschenlebens. Dafür
brauchen wir Großeltern: Um lebende Geschichte aus
der Zeit vor unserer Geburt zu lernen.

* * *

16. Alle werfen mit Dreck um sich... und kein einziges
Problem wird gelöst, es gibt nur mehr Dreck auf der
Welt und in den Köpfen.

* * *

17. Leben bedeutet auch Überleben – und "seid fruchtbar
und mehret euch" ist eine sehr gefährliche Heuristik,
wenn wir Überbevölkerung haben.

* * *

18. Der Narr ist ein untrennbarer Bestandteil des "Narra-
tivs".

* * *

19. Wir wollen keine tote Ordnung wie auf einem Schachbrett, aber auch kein Chaos wie auf einer Müllkippe.

* * *

20. Auch mit guten Werkzeugen kann man schlechte Ergebnisse erhalten.

* * *

21. Ent-Täuschung.

* * *

22. Alle Geschichten enden einmal. Aber die Geschichte geht immer weiter.

14. Kapitel

Schließlich...

- Niemand hat jemals gesagt "Stulta lex sed lex"!

"Max ist gut!" – Nassim Nicholas Taleb, Real World Risk
Seminar, Feb. 2017

"Du hast einen scharfen Verstand!" – Yaneer Bar-Yam

"Maximilian Hirner, du musst ein Genie sein." – Marsden
Katana

"Ein Lob von NNT oder YBY ist mehr wert als die beste
Kritik der NYT." – Maximilian Hirner

www.ingramcontent.com/pod-product-compliance
Lightning Source LLC
Chambersburg PA
CBHW051212250726
48655CB00006B/2361